BEI GRIN MACHT SICH IHR WISSEN BEZAHLT

- Wir veröffentlichen Ihre Hausarbeit,
  Bachelor- und Masterarbeit

- Ihr eigenes eBook und Buch -
  weltweit in allen wichtigen Shops

- Verdienen Sie an jedem Verkauf

Jetzt bei www.GRIN.com hochladen und kostenlos publizieren

Lena Sauer

Werkvergleich "Der Besuch der alten Dame" – "Mond-finsternis" (Friedrich Dürrenmatt)

GRIN Verlag

Bibliografische Information der Deutschen Nationalbibliothek:

Die Deutsche Bibliothek verzeichnet diese Publikation in der Deutschen National-
bibliografie; detaillierte bibliografische Daten sind im Internet über http://dnb.d-
nb.de/ abrufbar.

Impressum:

Copyright © 2011 GRIN Verlag, Open Publishing GmbH
Druck und Bindung: Books on Demand GmbH, Norderstedt Germany
ISBN: 978-3-640-88892-4

Dieses Buch bei GRIN:

http://www.grin.com/de/e-book/170246/werkvergleich-der-besuch-der-alten-dame-
mondfinsternis-friedrich

GRIN - Your knowledge has value

Der GRIN Verlag publiziert seit 1998 wissenschaftliche Arbeiten von Studenten, Hochschullehrern und anderen Akademikern als eBook und gedrucktes Buch. Die Verlagswebsite www.grin.com ist die ideale Plattform zur Veröffentlichung von Hausarbeiten, Abschlussarbeiten, wissenschaftlichen Aufsätzen, Dissertationen und Fachbüchern.

Besuchen Sie uns im Internet:

http://www.grin.com/

http://www.facebook.com/grincom

http://www.twitter.com/grin_com

Deutsch GFS

Lena Sauer

Werkvergleich

Friedrich Dürrenmatt:

Der Besuch der alten Dame – Mondfinsternis

Inhaltsverzeichnis

1. Hinführung

Friedrich Dürrenmatts tragische Komödie „Der Besuch der alten Dame" erfreut sich noch heute, gut 50 Jahre nach ihrer Veröffentlichung, großer Beliebtheit. Nach wie vor wird das bekannte Theaterstück des Schweizers auf zahlreichen, internationalen Bühnen adaptiert und ist gleichsam mit den „Physikern" in den Lehrplänen deutscher Schulen zu finden. Weitaus weniger bekannt ist jedoch, dass Dürrenmatt die Thematik dieses Werkes bereits einige Jahre zuvor in seiner Novelle „Mondfinsternis" formuliert hatte, die später die Grundlage, des berühmt gewordenen Stückes werden sollte.

Nach einer kurzen Abhandlung über die beiden Werke, wird sich eine Untersuchung der Gemeinsamkeiten und Unterschiede der Schriften anschließen. Abschließend wird sich der Aufsatz noch mit Dürrenmatts Verständnis von Gerechtigkeit befassen.

2. Friedrich Dürrenmatt

Der schweizerische Schriftsteller Friedrich Josef Dürrenmatt wurde am 5. Januar 1921 als Sohn eines protestantischen Pfarrers in Konolfingen bei Bern geboren.

Schon früh begeisterte er sich für die Malerei und plante diese Passion auch im späteren Leben zu verwirklichen. Nach einer kurzen Liaison mit zahlreichen Studiengängen entschied er sich allerdings 1946 freier Schriftsteller zu werden Seinen ersten großen Bühnenerfolg erlebte Dürrenmatt jedoch erst mit dem 1952 erschienenen Titel „Die Ehe des Herrn Mississippi", der endgültige Durchbruch gelang ihm mit seiner tragischen Komödie „Der Besuch der alten Dame" aus dem Jahr 1956. In den 1960er Jahren war er, dank zahlreicher Bühnenstücke, auf dem Höhepunkt seiner schriftstellerischen Karriere angelangt.

Aber auch als gesellschaftskritischer Verfasser von Essays, Vorträgen und Festreden nahm er Stellung zum aktuellen politischen Geschehen. So wohnte er unter anderem der 1987 von Michael Gorbatschow einberufenen Friedenskonferenz in Moskau bei.

Für sein literarisches Schaffen erhielt der Schweizer Autor zahlreiche Auszeichnungen und Preise, wie beispielsweise den „Großen Schillerpreis", die „Buber-Rosenzweig-Medaille" sowie mehrere Ehrendoktorwürden.

Friedrich Dürrenmatt starb am 14. Dezember 1990 im Alter von 69 Jahren in seinem Haus in Neuenburg.

3. Der Besuch der alten Dame

3.1 Entstehung/ Allgemein

Die tragische Komödie Dürrenmatts erschien 1955/56 und wurde bereits wenige Monate später am 29. Januar 1956 im Schauspielhaus Zürich uraufgeführt (mit Therese Giehse als Claire Zachanassian und Gustav Knuth als III). Das Rachemotiv im „Besuch der alten Dame" behandelte der Autor zuvor bereits in der 1953/54 verfassten Novelle „Mondfinsternis".

„Zuerst hatte ich die Grundidee zur Story, zur Geschichte. Ich versuchte eine Novelle zu schreiben, Titel: Mondfinsternis. [...] Das war die erste Phase. Dann die zweite: Aus dem Auswanderer wurde eine Frau, die Multimilliardärin Claire Zachanassian. Aus dem Bergdorf: Güllen"
(Friedrich Dürrenmatt Gespräche 1961-1990. Band 1, S.124)

Eine Bahnfahrt und der Gedanke an die ökonomische Abhängigkeit der kleinen Dörfer entlang der Strecke, verleitete Dürrenmatt zur erneuten Überarbeitung seines Novellen-Fragments.
Allerdings entstand das Theaterstück nicht aus dem Streben nach literarischem Ruhm heraus, sondern vielmehr bedingt durch eine finanzielle Zwangslage.

„Ich sah darin eine bessere Möglichkeit, Geld zu verdienen, als mit dem Schreiben einer Novelle. [...]" (II.,S.221, Z.21f)

In diesem Theaterstück gelingt es dem schweizerischen Dramatiker Motive der Tragödie mit solchen der Komödie zu verbinden und so eine neue Gattung zu schaffen. An mehreren Stellen in Friedrich Dürrenmatts modernem Werk lassen sich beispielsweise Parallelen zur klassischen griechischen Tragödie ziehen. Exemplarisch ist hierfür die Thematisierung von „ Schuld und Sühne", „Opfer und Rache" wie auch von „Verhängnis und Gerechtigkeit". Auch die Chor-Parodie am Ende des dritten Aktes, ist ein weiteres gezielt verfälschtes literarisches Element, wie es oftmals im antiken Griechenland Anwendung gefunden hat.
Insbesondere das Stilmittel der Groteske charakterisiert den „Besuch der alten Dame", und verdeutlicht durch die übersteigerte und verzerrte Reflektion der Wirklichkeit, die Amoralität und Verwerflichkeit der Geschichte.

Für den Schweizer symbolisierte dieses Werk den eigentlichen Beginn seines schriftstellerischen Schaffens, denn es verhalf ihm auch über die Grenzen der deutschsprachigen Gebiete hinaus zu Erfolg und machte ihn international bekannt. Bis zum heutigen Tage wird Dürrenmatts Erzählung weltweit aufgeführt, sei es nun im Mannheimer Nationaltheater oder aber auch in New York und Japan.
Doch nicht nur auf den Bühnen der Welt wurde sein berühmtes Theaterstück wiederholt adaptiert, auch in zahlreichen Filmen fand diese Thematik vielfach Beachtung. So

wurde der Stoff bereits sechsmal in mehr oder minder verfremdeten Fassungen verfilmt, unter anderem auch mit Anthony Quinn und Ingrid Berger in den Hauptrollen.

3.2 Inhalt

Dürrenmatts Theaterstück „ Besuch der alten Dame" berichtet von den Ereignissen um eine rachsüchtige Milliardärin, die nach langen Jahren in der Fremde in ihr verarmtes Heimatdorf zurückkehrt, um sich dort mit ihrem Geld Gerechtigkeit zu erkaufen.

Das kleine Dorf Güllen, einstmals ein stolzes Städtchen von kultureller und wirtschaftlicher Bedeutung, liegt nun fernab und vergessen der heutigen kommerziellen Hochburgen, versunken in der Bedeutungslosigkeit und dem Verfall erliegend.

Man erwartet sehnsüchtig die zurückkehrende Claire Zachanassian, geborene Wäscher, die fernab der Heimat zu großem Reichtum gelangt war.

Doch die Freude über das Wiedersehen des verlorenen Kindes wird schon bald durch ein erschütterndes und gleichsam unmoralisches Angebot der alten Dame getrübt: Sie fordert die Einwohner dazu auf, Alfred III, ihren ehemaligen Geliebten, der sie geschwängert, sitzen gelassen und so zu diesem Leben gezwungen hatte, zu ermorden.

Um diese Gerechtigkeit zu erlangen und Rache zu üben, bietet sie den Güllener Bürgern als Gegenleistung für die zu begehende Gräueltat, eine Milliarde, eine Summe, die alle Not vergessen machen würde.

Die Bevölkerung ist entsetzt und lehnt das Angebot, sich auf die humanistische Tradition des Dorfes beziehend, strikt ab. Man beteuert Loyalität gegenüber dem beleibten Krämer III – nicht für alles Geld der Welt würde man die moralischen Ideale vergessen wollen.

Und dennoch beginnen die Güllener Schulden zu machen, der Wohlstand steigt, das Antlitz des Örtchens beginnt sich zu wandeln und mit ihm auch das Verhältnis der Güllener gegenüber dem „Angeklagten" III.

Sein damaliges Handeln, wird nun immer mehr als Affront gegenüber Claire Zachanassian als auch gegenüber der sittlich-korrekten Gemeinde aufgefasst.

Ständig in der Angst vor einem Anschlag lebend, sinkt der alte III immer tiefer in der, durch das scheinbare moralische Gewissen bedingten, Wertung der Einwohner.

Nach einem gescheiterten Fluchtversuch jedoch, findet er sich mit seinem Schicksal ab. Auch die Güllenern beginnen einzusehen, dass die Ermordung ihres Mitbürgers unvermeidbar ist.

Auf einer örtlichen Gerichtsverhandlung verurteilt man ihn zum Tode.

Das besagte Urteil, das alle materielle Not der Güllener zu beenden vermag, wird anschließend sofort vollstreckt.

Man attestiert Herztod, Tod aus Freude, aus Freude über die gespendete Milliarde, die Güllen aus der Armut helfen wird.

Claire reist bereits wenige Stunden später mit III in einem mitgebrachten Sarg ab.

3.3 Interpretation (Auszug)

Dürrenmatts tragische Komödie bietet zahlreiche Interpretationsansätze, die im Verlaufe dieser Ausarbeitung nur in Ausschnitten betrachtet werden sollen. Die Motivik der Todesstrafe und deren Rechtfertigung, ist in Dürrenmatts Theaterstück ebenso zu erkennen wie die simple Darstellung der materiellen Macht des Geldes, die moralische Ideale ohne Umschweife ins Gegenteil verkehrt.

Im Zuge der Interpretation tritt insbesondere die Namensgebung in den Vordergrund. Das Stilmittel der sprechenden Namen, wählt der Dramatiker mit Bedacht, und erschafft so allein durch die Bezeichnung einzelner Personen oder auch Örtlichkeiten bereits ein gewisses Bildnis des zu Beschreibenden, das sich im Laufe der Handlung noch erhärtet. Beispielhaft hierfür sind unter anderem die Ortsnamen, der erwähnten Gemeinden *(Vgl. Kaffingen ~ Kaff = kleine Ortschaft; I, S.14, Z.10; Kalberstadt ~ Landwirtschaft, Ländlichkeit, aber auch „Kuhhandel", I, S.14, Z.11)*. Güllen selbst weist eindeutige Parallelen zum landwirtschaftlichen Abfallerzeugnis Gülle (= Urin und Kot der Nutztiere) auf, und wird hierdurch, zusätzlich zu genaueren Beschreibungen des Dorfes mittels der Regieanweisungen, als ein, sowohl wirtschaftlich als auch sozial heruntergekommenes, unattraktives Städtchen charakterisiert *(I, S.13, Z.8ff)* Der Name spielt ebenfalls auf die moralische Verkommenheit der Einwohner an, die sich zwar wiederholt auf alte, humanistische Werte berufen, deren Handlungen jedoch all diesen gepriesenen Tugenden zuwiderlaufen.

Angesichts des versprochenen Betrags *(Vgl. I, S.49, Z.10)*, sieht man leicht darüber hinweg, beziehungsweise legt sich anderweitige Betrachtungsweisen zu, um nicht der eigenen Pseudo-Moral zu widersprechen *(Vgl. I, S.121, Z.13 – S.122, Z.10)*.

Im Bezug auf die Güllener Bürger ist besonders das Fehlen individueller Charakteristika, wie auch eigenständiger Namen auffällig *(Vgl. Personenregister I, S.11 „Die Besuchten")* Durch diese Typisierung, das heißt die Schaffung einer undifferenzierten Masse, die sich auch im Verlaufe der Handlung nur wenig wandelt, ist die Identifizierung des Lesers mit den Besagten erschwert.

Die Gedanken und Beweggründe werden lediglich von den Typen des Bürgermeisters, des Lehrers, Pfarrers und Arztes artikuliert. Die Güllener selbst sind lediglich unfreiwillige Werkzeuge, gekauft und instrumentalisiert um die Rache zu erlangen, die Claire Zachanassian, augenscheinlich bereits seit Langem plant *(„Ließ den Plunder aufkaufen [...], die Betriebe stillegen. Euer Hoffen war ein Wahn" I, S.90, Z.3")*.

Vergleichbar mit den beiden Eunuchen, die sie zur Strafe für ihr einstmaliges Handeln gemartert hat *(I, S.48, Z.24)*, blendet und kastriert sie die gesamte Einwohnerschaft des kleinen Städtchens.

Man wirbt mit allen Mittel um das erhoffte Geld, und nimmt, blind vor Gier, selbst den Verlust des letzten Funken Würde in Kauf. Man prostituiert sich richtiggehend dafür.

Außerdem ermöglichen die Beschreibungen, durch den fehlenden Bezug auf bestimmte Persönlichkeiten, die Übertragung des Handelns bzw. des Geschehens auf eine möglichst große Menschengruppe beziehungsweise auf alle Menschen. Vergleichbares lässt sich auch auf das Gefolge der Zachanassian anwenden. Durch die

Bezeichnung ihrer Begleiter mit Namen, die stets auf „-oby" enden, und lediglich in Bezug auf den Anfangsbuchstaben variieren, nimmt Claire ihren Männern, ihrem Butler, den Eunuchen und den Gangstern jegliche Würde und Menschlichkeit *(Vgl. I, S.45, Z.29ff; S.47, Z.14ff)*.

Die „alte Dame" geprägt durch einen, aufgrund ihrer Enttäuschungen in jungen Jahren entwickelten, immensen Männerhass, sieht in diesen Personen lediglich Nutzobjekte, als Mittel ihre Macht zu demonstrieren *(„Denk nach Moby.[...] Fester." I, S.26,.Z33 – S27. Z.3)*.

Sie pflegt zu keinem ihrer Männer eine sentimentale Beziehung, hält sie sich sozusagen als Schmuckstücke, die ihrer eigenen Unterhaltung dienen, austauschbare Figuren, die lediglich der Kanalisierung ihres Grolls nutzen*(„zu Ausstellungszwecken" I, S.114, Z.16)*.

Auch die Namen der Charaktere, wie der der Claire Zachanassians, geborene Klara Wäscher, dienen ihrer Charakterisierung und Darstellung. So setzt sich der Nachname der alten Dame aus den Familiennamen dreier zur Entstehungszeit des Werkes bekannter Milliardäre, zusammen: Treffenderweise war Basil Zaharoff, ein türkischer Waffenhändler, bekannt als „ Verkäufer des Todes", während Aristoteles Onassis als reichster Mensch der Welt galt. Der Brite Calouste Gulbenkian entspricht wohl am ehesten der Persönlichkeit, des alten Zachanassians, der die junge Kläri einst in einem Hamburger Bordell fand und ehelichte *(„Er fand mich in einem Hamburger Bordell" I, S.37, Z14)* .

Doch nicht nur ihr neuer Name zeigt eine tiefere Bedeutung auf, auch lassen sich schon in ihrem Mädchennamen Anspielungen auf eine mögliche Interpretation erkennen. So steht Klara bzw. Claire im Zusammenhang zum französischen Wort claire = sauber, rein oder auch englisch clear = rein, wie auch ihr Geburtsname Wäscher eine direkte Konnotation zu Reinigung und Säuberung aufweist.

Der moralisch beschmutzte und somit in gewisser Weise „kranke" (engl. ill = krank) Krämer Alfred Ill soll gereinigt werden, jedoch kann diese vollkommene Läuterung nach Ansicht der enttäuschten und betrogenen Liebhaberin nur durch den Tod erreicht werden.

Dem Leser erscheint die alte Milliardärin als übermenschliche Rachegöttin *(Vgl.I, S35, Z.8ff)*, die sich außerhalb der weltlichen Rechtsprechung bewegt, keiner der Güllener wagt ihr Urteil anzuzweifeln oder gar sie dafür zur Rechenschaft zu ziehen. Diese Übermenschlichkeit Claires wird durch ihre scheinbare Unverwundbarkeit unterstützt, sie ist *„nicht umzubringen" (I, S.40, Z.5)*, überlebt beispielsweise als einzige einen Flugzeugabsturz *(I, S.40, Z.3f)*.

Ebenfalls zeigt die Figur der Claire Parallelen zur griechischen Mythengestalt Medea auf *(Vgl. I, S.90, Z.27f)*.

Auch diese, in der Literatur und Kunst vielfach aufgegriffene Frauenfigur rächt sich an ihrem untreuen Mann Jason (Vgl. III) durch die Ermordung ihrer gemeinsamen Kinder, und verliert diese, so wie auch Claire ihr Kind verloren hat *(I, S.49, Z.2)*. Ihre zahlreichen Prothesen *(„Doch die Prothese ist vortrefflich" I, S.26, Z.13f; „Auch eine Prothese." I, S.39, Z.31)* schaffen in diesem Zusammenhang allerdings ein widersprüchliches Bild der alten Dame, doch lässt sich diese Eigenschaft als Täuschung erläutern *("überhaupt alles Prothese an dir! Fast."* I, S40, Z1ff), an ihr ist nichts, wie es scheint, auch ihre anfängliche Wohltätigkeit entpuppt sich alsbald als abgekarteter, grausamer Rachefeldzug, dessen erste grotesken Andeutungen bereits bei ihrer Ankunft anzutreffen sind *("Schließen sie lieber beide."* I, S28, Z.30; *"Die Todesstrafe ist [...]abgeschafft [...]. Man wird sie vielleicht wieder einführen."* I, S.29, Z. 32ff; *"Stellen Sie in Zukunft Herzschlag fest"* I, S.30, Z.11f).

4 Mondfinsternis

4.1 Entstehung/ Allgemein

Der entstehungsgeschichtliche Hintergrund der ursprünglich 1953/54 verfassten Novelle „Mondfinsternis" lag lange Zeit im Dunkeln. Erst durch die Aufarbeitung und Veröffentlichung des Textes in Verbindung mit dem Stoffe-Projekt des Schweizer Dramatikers (Stoffe I-III Labyrinth), erfuhr die Öffentlichkeit mehr über die Motivik der Novelle.

Zum einen berichtet Dürrenmatt im ersten Band der Stoffesammlung, von einem Aufenthalt in einem kleinen Bergdorf im Berner Seenland, der ihn zur besagten Erzählung inspirierte. Die Einfachheit und Natürlichkeit der Bergbauern faszinierte ihn, gerne lauschte er ihren Sagen und Märchen und begann selbst eine Geschichte zu entwerfen.

In dieser assoziierte Friedrich Dürrenmatt die Zeit in Ins im Seenland mit Erlebnissen aus seiner Jugend- und Studienzeit.

Diese Erfahrungen schildert er in „Labyrinth". Er berichtet von einer Nacht in der er einen durch Nebel verdeckten Mond beobachtete, und von den Erinnerungen an das Theaterstück „Blümlisalp" eines ehemaligen Lehrers.

Aus vielen kleinen Anekdoten, ambivalenten und unbedeutenden Geschichten entstand die Mondfinsternis.

Doch ohne die Novelle zu vollenden, arbeitete der Schweizer das Fragment, angeregt durch eine Zugfahrt, 1955 zum „Besuch der alten Dame" um.

4.2 Inhalt

Walt Lotscher, ein in Kanada reich gewordener Millionär, kehrt nach Jahren in der Fremde in das kleine Bergdorf Flötenbach heim.

Er kommt allein, sich unaufhaltsam und unbeirrt seinen Weg durch Schnee und Wind hinauf auf den eingeschneiten Berg bahnend.

Im örtlichen Wirtshaus „Bären" erkennt man den Ankömmling kaum wieder, zu viele Jahre sind vergangen, hier auf dem Berg hat sich jedoch nur wenig verändert. Die Bauern leben arm und bescheiden in ihren alten Hütten, fernab der florierenden Touristenzentren. Der Fortschritt ist an ihnen vorüber gezogen, ohne sie zu tangieren.

Als der Wirt von den Ereignissen zu berichten beginnt, die sich seit seinem Fortgang hier oben abgespielt haben, kommt er gleichfalls auf den Sohn des Heimkehrers zu sprechen. Scheinbar unberührt lauscht Walt Lotscher den Erklärungen des Wirts über seinen ihm unbekannten, unehelichen Sohn, ein Kind welches er gemeinsam mit seiner ehemaligen Geliebten Kläri zu haben scheint.

Sie war der Grund, weshalb er das kleine Nest verlassen hatte. Sie hatte ihn nicht gewollt, hatte einen anderen Mann gewählt und diesen an Seiner statt geheiratet.

Walt hatte sich damals geschworen Rache zu nehmen, Rache an Adolph Mani, der ihn um seine Frau betrogen hatte.

Und diese Vergeltung forderte er nun ein. Für 14 Millionen, genau eine Million für jede der ansässigen Familien, verlangte er den Tod seines alten Rivalen.

Um das Geld zu erhalten, solle man den Besagten in der nächsten Vollmondnacht, in genau zehn Tagen, ermorden.

Lotscher selbst würde die Zeit bis dahin in einem Zimmer im „Bären" verbringen, zusammen mit einer Flasche Schnaps und wechselndem Damenbesuch aus dem kleinen Ort.

Während sich die Frauen und Mädchen im Obergeschoss prostituieren, beraten die Männer im Schankraum über das weitere Vorgehen.

Das Dorf ist ruiniert, das Geld wäre eine willkommene Möglichkeit der Armut zu entfliehen, so spricht die gesamte Gemeinde, bereits wenige Stunden nach der Unterbreitung des Begehrens, ihre Zustimmung aus. Selbst der somit zum Tode Verurteilte verspricht, sich bereitwillig zu opfern, um seinem Heimatdorf aus der Krise zu helfen.

Der Schuldige solle von einem Baum erschlagen werden, den man zur Tarnung fällen wollte, so würde nicht ein Einzelner die Schuld zu tragen haben und auch einer Erklärungsnot gegenüber den wenigen zugezogenen Bürgern würde man so entgegenwirken. Mani wäre eben unglücklicherweise beim Schlagen eines Baumes zur Beschaffung von Kirchenbalken zerdrückt worden.

So bangen die Einwohner dem Sonntag entgegen, an dem das Verbrechen verübt werden sollte, nicht etwa aus Angst etwas Falsches, moralisch Schlechtes zu tun, sondern vielmehr aus Furcht, der zu Ermordende könnte flüchten oder sich einer außenstehenden Person anvertrauen

Hinderliche Besucher, wie beispielsweise der Pfarrer oder zugezogene Parteien, wie Lehrerin und Polizist, die allesamt ungebetene Zeugen des Verbrechens werden könnten, entledigt man sich auf die ein oder andere Weise, so dass dem geplanten Mord nichts mehr im Wege steht. Folglich macht man sich in der Vollmondnacht auf den Weg zur Blüttlialm, um dort die Buche zu schlagen, die Mani erdrücken soll.

Einzig ein außergewöhnliches Ereignis am Nachthimmel lässt sie innehalten, eine Mondfinsternis lässt Zweifel in den verblendeten Bauern aufkeimen. Doch das Naturschauspiel ist bereits nach wenigen Minuten vorüber und man schreitet zur Tat.

Wie vereinbart erhält die Gemeinde am nächsten Tag das Geld, allerdings mit einigen Abzügen, da sich auch die Frauen redlich davon bedient haben.

Walt Lotscher erleidet auf dem Weg zurück ins Tal einen Herzinfarkt und stürzt samt Cadillac den Abhang hinunter.
Das Flötenbachtal wird zu guter Letzt mit der großzügigen Unterstützung seitens der Regierung als neues Tourisikzentrum erschlossen
An den somit überflüssig gewordenen Mord verschwendet man keinen Gedanken mehr.

4.3 Interpretation

In der ursprünglichen Novelle „Mondfinsternis" finden sich ebenfalls mancherlei Interpretationsansätze, denen wie bereits bei der vorangegangenen Interpretation nur im Ansatz nachgegangen werden soll.

Angefangen mit seinen Schilderungen der Natur schafft der Autor schon zu Beginn der Novelle eine bedrohliche, unheilvolle Atmosphäre.
Sei es die untergehende Sonne, die die Umgebung in ein „blutiges Licht" *(II, S224, Z.30)* taucht, oder das Reh, welches den ankommenden Protagonisten voller „Todesangst" *(II, S.225, Z.2f)* anstarrt, bevor es im Dunkel der anbrechenden Nacht verschwindet, finden sich hier bereits erste Andeutungen auf die nachfolgenden Geschehnisse .
Insbesondere die Leiche eines alten Bauern, über welche Lotscher auf seinem Weg hinauf ins Tal stolpert *(II, S.224, Z.25f)*, lässt sich als eindeutige Vorausdeutung auf den drohenden Tod erfassen. Gleichzeitig verdeutlicht diese Szene allerdings auch die Belanglosigkeit des Ablebens, stellt der Tote doch lediglich ein Hindernis auf dem Weg des Heimkehrenden dar *(II, S.224, Z.28f)*.
Um sein Ziel zu erreichen, geht dieser sprichwörtlich über Leichen, sich seinen Weg bahnend, durch die immense Schneemassen *(„wie durch eine Gletscherspalte" II, S.224, Z.23f)*, die alles Hässliche und Schlechte zu bedecken vermögen, hinauf ins Dorf.
Abseits der modernen Zivilisation verharren die dort ansässigen Bauern in einem tristen, armseligen Dasein, eine Enklave in der durch Fortschritt gekennzeichneten Welt *(„Das Tal habe den Anschluss an die modernen Zeiten verpaßt" II, S. 227, Z.10f)*. Die Zeit scheint dort auf dem Berg stehen geblieben zu sein, lebt man hier doch noch genauso elend und bescheiden wie bereits vor mehreren Jahrzehnten.
Resigniert hat man sich in sein Schicksal gefügt, zu aussichtslos scheint das Hoffen auf eine Verbesserung der Situation. In Flötenbach leben nur noch „die Dümmeren" *(II, S.227, Z.12)*, welche mit dem Leben abgeschlossen haben und nun dem Tod entgegensehen.
Dieser stellt jedoch für die wenigsten eine ernsthafte Bedrohung dar, besitzt man im Diesseits zu wenig um den Verlust zu fürchten.
Einzig das Angebot des Kanadiers, ihnen für die Ermordung eines Mitbürgers 14 Millionen zu vermachen *(II, S.229, Z.1ff)*, scheint sie aus ihrer Trance zu erwecken. Nahezu sofort stimmt man dem Handel zu, Zweifel bezüglich der moralischen Korrektheit des geplanten Attentats hegt man zu keiner Zeit.
Sehr bald zeigt sich, dass die Begrifflichkeiten der Moral und Sittlichkeit den

Dorfbewohnern fremd sind. So ist das Dorf mit seinen Bewohnern, deren Namen bereits eine gewisse Brutalität erahnen lassen, keinesfalls ein von Unschuld geprägter Ort, Inzest *(II, S.235, Z.28ff)* und mancherlei anderweitige verwerfliche Tätigkeiten *(II, S.231, Z.26f)*, scheinen alltäglich. Anstand und Würde sind den Bürgern fremd, christliche Moralvorstellungen werden missachtet oder schlichtweg ignoriert. Zwar sind im Dorf Vertreter von Gesetz und Kultur in Gestalt des Pfarrers, der Lehrerin und des Polizisten anzutreffen, doch vermögen diese als Außenstehende keinerlei Einfluss auf die Geschehnisse zu nehmen.

Derart geblendet von der Gier nach Reichtum und Wohlstand übersehen die einfältigen und weltfremden Bauern jedoch, dass sie eben dieses Streben immer weiter entzweit.

5 Vergleich der Werke

Auf Grund der bereits dargelegten Verbindung die zwischen den beiden Schriftstücken besteht, weisen die Texte zahlreiche Parallelen, wenn gleich aber auch einige bedeutende Unterschiede auf, die im Folgenden näher betrachtet werden sollen. Hierfür ist eine Gegenüberstellung der Personen von Vorteil, um deren Gemeinsamkeiten und Gegensätze hervorzuheben.

5.1   Claire Zachanassian – Walt Lotscher

Sicherlich weisen die Protagonisten der betrachteten Werke zahlreiche Parallelen auf die sie einander ähneln lässt, dennoch dominieren größtenteils die vielen kleineren, aber auch größeren Unterschieden der Figuren. So gelingt es Dürrenmatt zwei sich zwar in gewisser Hinsicht gleichende, jedoch keinesfalls identische Charaktere zu schaffen.

Die wohl bedeutendste und auffälligste Divergenz die zwischen Claire Zachanassian und Walt Lotscher besteht, ist die bewusste Änderung des Geschlechts, und die damit einhergehende Veränderung des gesamten Rachemotivs.

So möchte sich der Mann lediglich für die damalige Schmähung seiner selbst und die damit verbundene Demütigung rächen, während die Frau Vergeltung für die Zerstörung ihrer Existenz sucht.

Was für den einen lediglich eine Frage der Ehre, ist für Claire ein Spiel auf Leben und Tod.

> *„Erzwingt die erste Szene des Besuchs der alten Dame eine Frau, erzwingt der Beginn der Mondfinsternis ebenso notwendig einen Mann"*
> *(II, S.223, Z.9ff)*

In Flötenbach wird jedoch, anders als in Güllen, *„niemand erwartet, sondern es dringt einer ein" (II, S.223, Z.10ff)*, ein Einzelner, der die Dorfbewohner auf ihrem tristen, armseligen Leben aufschreckt.

Claire Zachanassian, eine geborene Klara Wäscher, hingegen erreicht das kleine Städtchen, nach bangen Stunden des Wartens seitens der Güllener, auf die erhoffte Rettung, in Aufruhr, mit pompösem Gefolge *(„Die Zachanassian soll mit ihren Millionen herausrücken." I, S.19, Z.28f)*.
Und doch scheinen beide das gleiche Ziel zu verfolgen, beide streben nach Rache, Rache an den Menschen, die sie um die Liebe betrogen haben.

> *„beschloss ich zurückzukehren, einmal.[...] Nun stelle ich die Bedingungen, diktiere das Geschäft." (I, S.90, Z.16ff)*

> *„Ich habe einst geschworen, mich zu rächen [...], und den Schwur halte ich." (II, S.228, Z.16ff)*

So wählte die einstmalige Geliebte Walt Lotschers, ehemals Wauti Locher, einen anderen, heiratete diesen an seiner statt *(II, S.226, Z.22f)* und schickte ihn so in die Verbannung, während Claire Zachanassian, entehrt und schwanger, von der Öffentlichkeit verstoßen worden war *(„hochschwanger, Einwohner grinsten mir nach." I, S. 90, Z.13)* und sie somit in ihr Schicksal gezwungen wurde *(„mich in das meine gezwungen" I, S.19, Z.25)*.
Dennoch, oder besser genau aus diesen Gründen, gelangten sowohl Claire als auch Walt zu unsagbarem Reichtum, der es ihnen nun ermöglicht sich die Gerechtigkeit zu erkaufen, auf die insbesondere Claire ein Leben lang hingearbeitet hat.
Das Warten und Planen des Vergeltungsschlags füllt, anders als bei dem vergleichbaren Protagonisten der Mondfinsternis, ihre gesamte Existenz aus. Über Jahrzehnte hinweg *„ließ [sie] den Plunder aufkaufen[...], die Betriebe stilllegen" (I, S.90, Z.3f)*, und ruinierte und zermürbte so Stadt und Bevölkerung, um sie für ihre Zwecke zu formen, soweit, dass sie sicher sein konnte, dass man ihr amoralisches Begehren nicht ausschlagen würde *(„Eure Hoffnung war ein Wahn, euer Ausharren sinnlos[...], euer ganzes Leben Sinnlos vertan" I, S.90, Z.4ff)*.
Im Gegensatz dazu scheint der Wahlkanadier den damals geleisteten Schwur und die verschmähte Liebe längst vergessen zu haben.

> *„Welche Kläri? [...] Das habe ich ganz vergessen." (II, S.226, Z.21;Z.25f)*

Erst eine unselige Bemerkung des Wirtes über seinen, ihm unbekannten, unehelichen Sohn lässt ihn *„stutz[en]" (II, S.226, Z.28)* und schürt die alte, längst vergangene Wut und lässt den Wunsch nach Rache von Neuem in ihm aufkeimen *(II, S.228, Z.15f)*.
Die Entscheidung Adolph Mani ermorden zu lassen, fällt er sehr spontan, eine Planung existiert nicht, tatsächlich war der Mord nicht vorgesehen*(Vgl. II, S.263, Z.25ff)*, nur das Wissen, dass man für Geld alles habe kann, lassen ihn an das Gelingen der Forderung glauben.
Überzeugt von der moralischen Verkommenheit der Flötenbacher bzw. Güllener, bleibt den beiden Hauptfiguren nicht mehr zu tun als zu warten, auf den Tag der Rache, die ihnen nun niemals mehr verwehrt bleiben wird.

> *„Ich warte." (I, S.50, Z.9)*

Beide thronen sie erhöht und unbeeinflusst über den menschlichen Tragödien, die sich zu ihren Füßen zu tragen, im ersten Stock des lokalen Wirtshauses. Die Bekanntschaften, seien es nun Ehemänner oder wie im Falle Walt Lotschers die Frauen und Töchter der Bergbauern, die mit ihnen die gemieteten Räumlichkeiten teilen, wechseln mit unnatürlicher, um nicht zu sagen gar unsittlicher Geschwindigkeit. Männer stellen für die, von Hass auf diese geprägte, Claire lediglich Nutzobjekte dar, die sie sich *„zu Ausstellungszwecken" (I, S.114, Z.16)* hält, sie dienen lediglich ihrer Unterhaltung und zur Demonstration ihrer immensen Macht. Emotional ist sie, zurück zu führen auf die Enttäuschung in ihrer Jugend, aber auch durch die Zeit im Hamburger Bordell, kalt und abgestumpft, für keinen ihrer Gatten empfindet sie einen Hauch von Zuneigung. Dennoch glaubt sie an den *„Traum (...) von Liebe" (I, S.117, Z.30)*, den sie durch die Ermordung Ills zurück erlangen möchte.

Für Walt Lotschers Handeln und seine übersteigerte Sexualität *(„Ich schlafe nie ohne Frau" II, S.230, Z.3f)* lassen sich andere Interpretationsansätze finden.

So nutzten ihm die rasch wechselnden Sexualpartner zum einen zur Demonstration seiner vormalig verschmähten Männlichkeit, zum anderen ist sein Gebaren auch als letztes Aufbäumen gegen den drohenden Tod zu deuten. Ein letztes Mal wollte er leben, Lust erfahren, bevor er seinem Opfer in den Tod folgt *(II, S.264, Z.4ff)*. in diesem Zusammenhang soll nun zuletzt die verschiedentlich angedeutete Dominanz von Körper bzw. Geist genauer betrachtet werden.

Claire Zachanassian zeichnet sich insbesondere durch eine große geistige Überlegenheit aus, welche ihr zu ihrem Vermögen verholfen hat und stets gelingen lässt, was sie erreichen möchte.

Ihr Körper hingegen ist *„von den Messern der Chirurgen zerfleischt" (I, S.49, Z.22f)*, deformiert und unnatürlich verzerrt, eine offensichtliche Gegensätzlichkeit zu ihrer augenscheinlichen, nahezu göttlichen Unsterblichkeit (Vgl. *I,* S.40, Z.3ff).

Im Kontrast dazu definiert sich Walt Lotscher über seine physische Dominanz. Dürrenmatt beschreibt ihn als *fast zwei Meter großen Koloss[...], ein brutales Muskelpaket, etwa fünfundsechzig, krauses graues Haar, struppiger grauer Bart mit schwarzen Strähnen" (II, S.223, Z. 21ff)*.

Trotz seiner scheinbaren guten körperlichen Konstitution überlebt Walt die Rückreise ins Tal nicht, sondern erliegt auf dem Weg hinab den Folgen eines starken Herzinfarkts. Claire hingegen verlässt Güllen alsbald nach dem Tod ihres ehemaligen Geliebten und kehrt mit ihm unbeschadet in eine ihrer Residenzen zurück.

5.2 Alfred III – Adolph Mani

Die Charaktere, der dem materiellen Wohlstand geopferten Figuren, unterscheiden sich in einer grundlegenden Eigenschaft, der Schuldfrage.

Adolf „Döufu" Mani, ist im Gegensatz zu Alfred III, frei von jeglicher Schuld. Dennoch zögert er schon zu Anfang der Novelle nicht, sich für den versprochenen Reichtum zu opfern und somit vermeintlich das Gemeinwohl der Flötenbacher zu garantieren.

„er habe wie alle im Dorf das Geld nötig, er sei nicht so blöd,
das nicht einzusehen, auch wenn es ihn das Leben koste" (II, S.234, Z.6ff)

Der einfache Bauer möchte insbesondere seinen beiden Söhnen keine Chance verwehren, die ihnen eine bessere Existenz bereiten könnte, ein Dasein wie er es schon Zeit seines Lebens zu führen gewünscht hat.

„Er denke sich immer mit einem neuen Stall und mit einem
Traktor wäre sein Leben ein ganz anderes gewesen" (II, S.237, Z.26)

Allerdings ist es eben diese Naivität, die ihn die Folgen seines Todes nicht erkennen lässt. Mani scheint zu der Überzeugung gelangt zu sein, dass jeder der ansässigen Bauern gewillt ist, ein, seinem Traum ähnelndes Leben anzustreben und zu führen *(Vgl. II, S.256, Z.21ff)*. Dabei übersieht er, dass das versprochene Geld und der damit einhergehende Wohlstand schon vor seinem Tod die Herzen seiner Nachbarn zu vergiften beginnt, und die langjährige Dorfgemeinschaft auseinanderzubrechen droht *(Vgl. II, S.255;Z.21ff)*.

Im Unterschied zu diesem „unschuldigen Opferlamm", ist III moralisch „beschmutzt" (Vgl. III = engl. krank), hat er doch vor etwa 45 Jahren die heutige Milliardärin geschwängert und wider besseres Wissen öffentlich verraten. So hatte er seiner ehemaligen Geliebten ein Schicksal aufgebürdet, das sie zu dem gefühlskalten Monstrum hat werden lassen, welches nun seinen Tod fordert. III zog ihr die finanziell bessergestellte Mathilde Blumhardt vor und heiratete diese, anders als Döufu, der seine Frau aus reiner und aufrichtiger Liebe ehelichte, aus reiner Profitgier.

Die Naivität des Bergbauern Mani lässt sich in keiner Weise mit der Gesinnung IIIs vergleichen.

Eine gewisse Naivität Claires jedoch setzt III voraus, welche er sich bedienen möchte um seinen Plan zu verwirklichen.

In diesem Sinne spekuliert er auf ihre Gutgläubigkeit und Gutmütigkeit und rechnet zu keiner Zeit mit einer Bedrohung von Seiten seiner betrogenen Geliebten *(Vgl. „III hat sie im Sack." I, S.33, Z.23)*.

Allerdings besteht seine Zielsetzung nicht in der Verbesserung des allgemeinen Wohls der Güllener, als vielmehr in der Mehrung und Festigung seiner Ehre und seines Ansehens innerhalb der verkommenen Gemeinde.

Unweigerlich verwehrt ihm das Angebot der alten Dame jedoch diese Chance.

Er ist schuldig, moralisch schlecht – die Gemeinde beginnt sich aus Scheinheiligkeit immer mehr von ihm zu distanzieren und ihm eben diese Amoralität vorzuwerfen *(Vgl. I, S.70, Z. 19ff)*.

Jedoch bedingt eben diese Stigmatisierung die innere Auseinandersetzung und Annahme seiner Schuld.

„Ich sah ein, daß ich kein Recht mehr habe. [...] Ich habe Klara zu dem gemacht,
was sie ist, und mich zu dem, was ich bin[...] Was soll ich tun Lehrer von Güllen?
Den Unschuldigen spielen? Alles ist meine Tat, die Eunuchen, der Butler, der

> *Sarg, Die Milliarde. Ich kann mir nicht mehr helfen und euch auch nicht mehr"*
> *(I, S.102, Z23ff)*

Im Unterschied zum Opfer Walt Lotschers ermöglicht diese Katharsis dem Güllener zu beachtlicher Größe zu gelangen. Er akzeptiert sein Schicksal und steht rückhaltlos für den einst begangenen Fehler ein.
Diese Entwicklung zu einem *„mutigen Menschen"* (Klett Lektürehilfen *„Der Besuch der alten Dame"* S.50, Z.14) ermöglicht es ihm, durch seinen Tod seine Würde und Menschlichkeit zurück zu erlangen.
Er stirbt somit zum Zwecke seiner eigenen Erlösung, zu seiner moralischen Reinigung, welche sowohl den Güllenern als auch den Flötenbachern durch die begangene Gräueltat verwehrt bleibt.
Adolph Mani hingegen erfährt keinen inneren Wandel, der aufgrund seiner offensichtlichen Unschuld zu keiner Zeit von Nöten gewesen wäre.
So stirbt er am Ende eines sinnentleerten, ihm überdrüssig gewordenen Leben, als kleiner, unbedeutender Bergbauer, verraten vom menschlichen Streben nach Reichtum.

5.3   Güllen – Flötenbach

Scheinen sich die beiden Gemeinden Güllen und Flötenbach im ersten Moment nur in wenigen Punkten zu unterscheiden, so offenbart spätestens ein zweiter Blick auf die Nebenrollen der Dürrenmattschen Werke eine große Divergenz der Handlungsorte.

Das kleine Städtchen Güllen erfreute sich einst international großer Bekanntheit, wie Bedeutung *(„Von Weltbedeutung"* I, S.14, Z.5), bevor es aus einem den Bewohnern unerfindichen Gründen *(„Wir stehen selbst vor einem wirtschaftlichen Rätsel"* I, S.17, Z.1f) immer mehr an Wohlstand und Ansehen verliert.
Mit dem zunehmenden Zerfall der materiellen Güter setzt gleichsam eine unbewusste Abkehr der Bürger von althergebrachten Traditionen und Werten ein. Zwar gibt man sich noch immer stolz auf die humanistische Vergangenheit

> *„In einer Stadt mit humanistischer Tradition. Goethe hat hier übernachtet.*
> *Brahms ein Quartett komponiert. Diese Werte verpflichten"* (I, S.69, Z.9ff)

und die Sittlichkeit der Stadt, und begründet mit eben diesen das Ablehnen des amoralischen Angebots der heimgekehrten Claire Zachanassian *(Vgl. I, S.50, Z.1ff).* Doch offenbart die Realität in Wort und Tat die Scheinheiligkeit der Güllener und ihr Argumentation.
So zeigt man sich beispielsweise gegenüber der Milliardärin herzlich und offen wie insbesondere die begrüßende Ansprache des Bürgermeisters verdeutlicht, doch klingen bereits hier die Anzeichen ihrer wahren Persönlichkeit an. Man hofft, durch die verklärte Darstellung des Vergangenen, wie auch der Gemeinde, die tatsächlichen Beweggründe, die Gier, zu verschleiern und die alte Dame so zu täuschen *(Vgl. I, S.42ff).*

Die Flötenbacher hingegen unterliegen keiner derartigen Täuschung und geben nahezu sofort der Forderung des heimgekehrten Walt Lotschers, seinen ehemaligen Rivalen für eine Summe von 14 Millionen zu töten, nach. Sie beginnen bereits wenige Stunden später über das Vorhaben beziehungsweise das Vorgehen nachzudenken und abzustimmen *("vierzehn Millionen seien vierzehn Millionen" II, S233, Z26f)*. Anders als die Güllener geraten die Bergbauern in keinerlei moralisches Dilemma, da ihr sittliches Pflichtbewusstsein deren finanzielle Pläne nicht tangiert oder gar zu blockieren droht.

In der Tat ist Flötenbach schon vor der Ankunft des Millionärs keinesfalls ein von Unschuld und Tugend geprägter Ort, wird hier beispielsweise Inzest sowohl praktiziert als auch toleriert *(II, S.235, Z.27ff)*.

Dennoch erreicht die Amoralität der Dorfbewohner mit dem Angebot des Heimkehrers wohl ihren Höhepunkt.

Sämtliche Frauen des Dorfes, beginnend mit den gerade erst konfirmierten Töchtern bis hin zu den verheirateten Ehefrauen, prostituieren sich auf Verlangen Lotschers für den versprochenen Reichtum *("und schon ist alles verhurt" II, S.256, Z.5)*, und keiner der grobschlächtigen Bauern, Väter und Ehemänner scheint sich an dieser Tatsache wirklich zu stören *(Vgl. "und dann sagt er, seine Karten betrachtend, Schaufel" II, S.234, Z.30f)*.

In Güllen hingegen ist es die gesamte Einwohnerschaft die sich unwillkürlich für das ausstehende Geld prostituiert und scheinbar willenlos nach den Vorgaben der Milliardärin tanzt.

"Die Welt machte mich zu einer Hure, nun mache ich sie zu einem Bordell. Wer nicht blechen kann, muß hinhalten, will er mittanzen." (I, S.91, Z.6ff)

Die geblendeten Bürger handeln, fixiert auf ein Ziel, im Kollektiv und büßen dabei mehr und mehr ihrer Individualität und Menschlichkeit ein.

Diese Gleichschaltung der Gedanken verdeutlicht Dürrenmatt insbesondere durch die sprachliche Gestaltung der Einwohner Güllens, die eben diese Verknüpfung der Geister aufzeigt.

DER MALER Der D-Zug!
DER ERSTE Hält!
DER ZWEITE In Güllen!
DER DRITTE Im verarmtesten -
DER VIERTE lausigsten-
DER ERSTE erbärmlichsten Nest der Strecke Venedig-Stockholm!
(I, S.21, Z.18ff)

Im Kontrast zu den Städtern bleibt den Flötenbachern Dorfbewohnern ihre Individualität erhalten, verfügen sie doch nachwievor über eigenständige Namen und Beweggründe.

So verfolgt man hier weitestgehend private Interessen, die letztendlich auch einen Streit über die Verwendung des Geldes heraufzubeschwören drohen *(II, S.255, Z.16ff)*.

Die Notwendigkeit sich für ihr Tun zu rechtfertigen, sehen die grobschlächtigen, dem

Tod gegenüber größtenteils gleichgültigen Bergbauern im Gegensatz zu den Güllener, repräsentiert durch die ehemaligen Vertreter der abendländischen Kultur in Gestalt des Bürgermeisters, des Lehrers, des Pfarrers, des Arztes und des Polizists, zu keiner Zeit . In Güllen allerdings beginnt man die moralischen Maxime um zu deuten, um die geplante Tat in einem anderen Licht erscheinen zu lassen und Ill zugleich moralisch zu erniedrigen, um seine Ermordung zu vereinfachen *(I, S.121, Z13ff)*.

So vermag es ihre Armut, ihre größte Schwäche, die Bevölkerung blind für ihr heidnisches Handeln werden zu lassen und ihre Scheinmoral endgültig und unwiederbringlich zu zerstören.

Letztendlich gelingt Güllen, durch den Tod des alten Krämers, der Übergang zur Wohlstandsgesellschaft (Knopf, 1966, S.73), Flötenbach wird parallel dazu für den Fremdenverkehr erschlossen *(II, S.268, Z.16ff)*, was nun auch den Bewohner des kleinen Bergdorfes ein langfristig gesichertes Auskommen beschert.

6 Definition des Begriffs Gerechtigkeit nach Friedrich Dürrenmatt

Recht und Gerechtigkeit sind zentrale Größen in den verglichenen Schriftstücken, eine Motivik die der Autor in vielen seiner Werke aufgreift und auslegt. Aus diesem Grund soll sich hier nun abschließend eine Betrachtung dieser Begriffe aus der Sicht des Dramatikers anschließen.

Gerechtigkeit ist nach Friedrich Dürrenmatt eine subjektive Größe, die man wissenschaftlich nicht eindeutig zu definieren vermag.

Möchte man Dürrenmatts Argumentation Glauben schenken, so existieren zwei gegenläufige Ideen des Begriffs Gerechtigkeit:

Zum einen das Recht des Einzelnen auf Individualität, welches Dürrenmatt als Freiheit bezeichnet. Diese besondere, emotionale Idee der Gerechtigkeit betrifft einzig das einzelne Individuum.

Zum anderen die allgemeine, die Gesellschaft betreffende, Idee der Gerechtigkeit. Diese ergibt sich mit logischer Notwendigkeit aus dem Recht der Gesellschaft, die Freiheit des Einzelnen zu garantieren.

Er selbst äußert sich in seinem 1969 erschienen *„Monstervortrag über Gerechtigkeit und Recht"* folgendermaßen:

„Es gibt keine gerechte Gesellschaftsordnung, weil der Mensch, sucht er Gerechtigkeit, mit Recht jede Gesellschaftsordnung als ungerecht, und sucht er Freiheit, mit Recht jede Gesellschaftsordnung als unfrei empfinden muss."

Aus diesem Grund ist es nach Ansicht des Schweizer Dramatikers unmöglich tatsächlich Gerechtigkeit zu leben.

7 Quellen

- DÜRRENMATT, FRIEDRICH: *Labyrinth, Stoffe I-III,* Zürich: Diogenes, 1998 (II)
- DÜRRENMATT, FRIEDRICH: *Der Besuch der alten Dame. Eine tragische Komödie,* Zürich: Diogenes, 1998 (I)
- KLETT LEKTÜREHILFE *Friedrich Dürrenmatt, Der Besuch der alten Dame,* Stuttgart: Klett Lerntraining GmbH, 2009
- http://de.wikipedia.org/wiki/Mondfinsternis_(D%C3%BCrrenmatt) (10.02.2011)
- http://de.wikipedia.org/wiki/Der_Besuch_der_alten_Dame (09.02.2011)
- http://de.wikipedia.org/wiki/Friedrich_D%C3%BCrrenmatt (29.01.2011)
- http://www.auguste-piccard.ch/pages/TM-PDF/TM2009/TM2009Chastonay.pdf (16.02.2011)